BEI GRIN MACHT SICH IHF
WISSEN BEZAHLT

- Wir veröffentlichen Ihre Hausarbeit,
  Bachelor- und Masterarbeit

- Ihr eigenes eBook und Buch -
  weltweit in allen wichtigen Shops

- Verdienen Sie an jedem Verkauf

Jetzt bei www.GRIN.com hochladen
und kostenlos publizieren

Das germanische Fürstengrab von Gommern. Relevanz und Nutzen für den heutigen Schulunterricht

Timmy Paul

Bibliografische Information der Deutschen Nationalbibliothek:

Die Deutsche Nationalbibliothek verzeichnet diese Publikation in der Deutschen Nationalbibliografie; detaillierte bibliografische Daten sind im Internet über http://dnb.d-nb.de abrufbar.

ISBN: 9783346579690
Dieses Buch ist auch als E-Book erhältlich.

© GRIN Publishing GmbH
Nymphenburger Straße 86
80636 München

Alle Rechte vorbehalten

Druck und Bindung: Books on Demand GmbH, Norderstedt Germany
Gedruckt auf säurefreiem Papier aus verantwortungsvollen Quellen

Das vorliegende Werk wurde sorgfältig erarbeitet. Dennoch übernehmen Autoren und Verlag für die Richtigkeit von Angaben, Hinweisen, Links und Ratschlägen sowie eventuelle Druckfehler keine Haftung.

Das Buch bei GRIN: https://www.grin.com/document/1169237

Technische Universität Carolo-Wilhelmina zu Braunschweig

Historisches Seminar

Modul M1a

Eine kleine Geschichte des Todes im Braunschweiger Land. Archäologische Erkundungen in der Schattenwelt

Wintersemester 2018/19

Hausarbeit

Das germanische Fürstengrab von Gommern

Relevanz und Nutzen für den heutigen Schulunterricht

Name: Timmy Paul

Studiengang: Master of Education, English Studies und Geschichte

Fachsemester: 3.

Inhaltsverzeichnis

1. Einleitung

Mit dem Fürstengrab von Gommern wurde eines der reichsten Gräber aus der römischen Kaiserzeit entdeckt. In Fachkreisen wurde die Entdeckung als Sensationsfund gefeiert.[1] Wie bemerkenswert dieser Fund war und welche geschichtswissenschaftliche Relevanz er hatte, lässt sich an folgendem Zitat ablesen:

> Zinnoberrot und Ägyptisch-Blau als Farben auf dem Schild verweisen dadurch ebenso auf römisch-mediterrane Ursprünge wie die Pigmente aus der Färberpflanze Krappwurzel, die als einziger Rest vom Textil der Kleidungsstücke geblieben sind. (...) Zum anderen zeigt die Verarbeitung vieler Gegenstände, dass lokale Handwerker mit ganzem Einsatz am Werk waren. So stand der Fürst von Gommern mit einem Bein in der römischen, mit dem anderen in seiner heimatlichen Welt.[2]

Dem aktuellen Forschungsstand zufolge stehen für den direkten Vergleich nur sehr wenige Gräber in Europa zur Verfügung. Vergleichsparameter wären in diesem Falle die Anlage der Grabkammern und der Inhalt der Gräber.[3] Die reiche Ausstattung eines solchen Grabes lässt darauf schließen, dass es sich bei dem Bestatteten um eine einflussreiche Person, vermutlich den Herrscher bzw. wie der Name solcher Gräber bereits impliziert, den (Germanen-)Fürsten der jeweiligen Region handelt.[4] Die Objekte, die im Fürstengrab von Gommern gefunden wurden, sind hierbei, wie das oben genannte Zitat schon erahnen lässt, wahrlich Besondere. Neben einigen Gefäßen aus germanischer Herstellung, sind auch eine Vielzahl von Gefäßen aus römischen Beständen vorhanden gewesen.[5] Auch der Schildbuckel des Prunkschildes, der einen absolut einmaligen Fund im Kontext der Fürstengräber darstellt, war ursprünglich ein Gegenstand aus römischer Herstellung[6], welcher vermutlich von einem germanischen Schmied umgearbeitet wurde.[7] Ebenfalls zum Inventar gehörte ein bronzener Dreifuß mit Pantherfüßen und Bacchusbüsten, welcher eindeutig römischer Herkunft ist.[8]

Die Arbeit mit dieser Thematik lässt einige Fragen aufkommen: Auf welche Art und Weise erlangte der Fürst von Gommern den Zugang zu (Luxus-)Gütern aus römischer

---

1 Vgl. Wiesigel: Goldschatz.
2 Kowa: Fürstengrab.
3 Vgl. Becker: Germanische, S. 371.
4 Vgl. Ebd.
5 Vgl. Becker: Haushalt, S. 148.
6 Vgl. Becker: Bekleidung, S. 142.
7 Vgl. Becker: Germanische, S. 370.
8 Vgl. Ebd., S. 371.

Herstellung? Gab es eine friedliche Koexistenz zwischen den Völkern oder waren gewalttätige Raubzüge auf römischem Gebiet der Grund dafür? Da das späte römische Kaiserreich und seine Krisen, die Entwicklung der Germanenreiche und das Thema „Transkulturalität" immer wieder ihren Weg in das Kerncurriculum finden, stellen sich auch einige Fragen aus geschichtsdidaktischer Sicht: Hat das germanische Fürstengrab von Gommern eine Relevanz für den Geschichtsunterricht? Kann es einen Beitrag zum Geschichtsunterricht leisten, Schülern und Schülerinnen die Zusammenhänge dieser Zeit näher bringen und ein Verständnis für die damaligen Geschehnisse in Europa erzeugen? Und falls ja, wäre es sinnvoll das germanische Fürstengrab von Gommern als Beispiel für Transkulturalität in der späten römischen Kaiserzeit in das Kerncurriculum aufzunehmen?

Meine Nachforschungen führten mich zu der These, dass das Fürstengrab von Gommern im Kontext der späten römischen Kaiserzeit durchaus einen Platz im niedersächsischen Kerncurriculum verdient hätte, da es den Schülerinnen und Schülern einen wertvollen Einblick in das Zusammenleben und die Konflikte unterschiedlicher Kulturen im antiken Germanien vermitteln kann. Unterstützend möchte ich hier ein Zitat von Herrn Dr. Matthias Becker anführen: „Wir können anhand der Funde die für Europa wesentliche Epoche des allmählichen Untergangs des Römischen Reiches besser verstehen und Beziehungen zu Norwegen, ja bis zur Ukraine in dieser Zeit nachweisen."[9]

Um diese These zu untermauern und die aufgeworfenen Fragen zu beantworten, werde ich in der folgenden Hausarbeit zunächst die Auffindung und den Aufbau des germanischen Fürstengrabs von Gommern näher beleuchten. Hierfür werden mir unter anderem mehrere Aufsätze des Ausstellungskatalogs „Gold für die Ewigkeit: Das germanische Fürstengrab von Gommern" als Grundlage dienen. Sodann werde ich die Relevanz der Thematik für den Unterricht in deutschen Schulen analysieren. Der Textteil der Hausarbeit wird schließlich mit einem Fazit und einem Ausblick bezüglich zukünftiger Forschungsfragen- und Möglichkeiten abgeschlossen.

---

9 Wiesigel: Goldschatz.

4

2. Germanen und Römer in der späten römischen Kaiserzeit

Um die eventuelle Relevanz der Thematik für den heutigen Schulunterricht darstellen zu können, muss das germanische Fürstengrab von Gommern und der darin Bestattete im Kontext der damaligen Zeit betrachtet werden. Nachdem Gaius Julius Caesar Gallien eroberte, lagen die Gebiete der Römer und der Germanen eng beieinander. Der Rhein fungierte als natürliche Grenze zwischen den Gebieten. Aus dieser Nachbarschaft gingen zwangsläufig ebenso friedliche wie gewaltsame Kontakte hervor, wie die weitere Geschichte der Römer in Germanien zeigt.[10] Eben jene Kontakte und die daraus entstehenden Beziehungen sind für die Fragestellung dieser Arbeit relevant.

Das römische Imperium eröffnete den Germanen eine Vielzahl an Optionen, um den eigenen Wohlstand auszubauen, wie es augenscheinlich auch am Beispiel des Fürsten von Gommern zu sehen ist. Einerseits bereicherten sich Germanen mithilfe von Überfällen auf das römische Territorium, was zu einem Ausbau der römischen Befestigungsanlagen entlang der Grenze führte.[11] Andererseits waren Germanen, besonders die gesellschaftliche Oberschicht, auch am Dienst für das römische Heer interessiert, um von der Kultur und der wirtschaftlichen Kraft der Römer zu profitieren.[12] Auch die Römer hatten ein Interesse daran, einzelne Germanenstämme an sich zu binden. Allgemein strebten sie nach einer Romanisierung der Germanen um eine Eingliederung ihrer Gebiete in das römische Imperium zu vereinfachen. Zudem nützte ihnen das Anbinden einzelner Oberhäupter der Germanen an das römische Imperium, um die Germanenstämme auf der anderen Seite des Rheins untereinander aufzuwiegeln und sie somit zu beschäftigen, um Überfälle auf das eigene Territorium vorzubeugen.[13]

Die gegenseitige Einflussnahme nahm auch nach dem gescheiterten Expansionsversuch der Römer kein Ende. Die Römer setzten fortan auf die diplomatische Einflussnahme, mit Hilfe eines Systems der sozialen Bevorteilung.[14] Die Germanen waren oft auf Handelsbeziehungen mit den Römern angewiesen, was diese für sich nutzten, um die Geschehnisse in Germanien zu beeinflussen.[15] Germanen, die eine gute Beziehung zu

---

10 Vgl. Leineweber: Römer, S. 82.
11 Vgl. Ebd.
12 Vgl. Ebd.
13 Vgl. Ebd., S. 83.
14 Vgl. Ebd.
15 Vgl. Ebd., S. 82.

den Römern führten, hatten eine gute Aussicht auf Belohnung und konnte sich so begehrte und prestigeträchtige Kulturgüter sichern, die anderen verwehrt blieben.[16] Die Ausbildung und Ehrung im römischen Heer führte zu einem gehobenen Status innerhalb des eigenen Stammes und ermöglichte das Einnehmen von einflussreichen Führungspositionen im römischen Heer durch Germanen[17], was man auch am Beispiel des Arminius sehen kann. Durch die steigende Zahl von an römischen Kriegszügen beteiligten Germanen stieg auch die Zahl der provinzialrömischen Güter innerhalb der germanischen Gebiete.[18] Dennoch kann vermutet werden, dass das Gros solcher Güter durch Handel nach Germanien gelangte. Nach den sogenannten Markomannenkriegen spiegelt die Anzahl der im Besitz befindlichen römischen Gegenstände die sozialen Unterschiede in der germanischen Gesellschaft wider.[19]

Die Fundstücke zeigen, dass die oberen Gesellschaftsschichten der Germanen römische Gegenstände nicht nur als Statussymbole schätzten, sondern auch dem römischen Lebensstil zugetan waren. So wurden auch Trinksitten und Speisezubereitungen nach römischem Vorbild übernommen, wie der Fund von römischem Tafelgeschirr in germanischen Gräbern nahelegt.[20] Auch im Fürstengrab von Gommern wurde eine Vielzahl von römischen Gefäßen, darunter äußerst fragile und teilweise bereits zerbrochene Trinkgläser[21] und ein Eimer vom Hemmoorer Typ, gefunden.[22]

3. Das germanische Fürstengrab von Gommern

3.1 Auffindung

Die Auffindung des Fürstengrabs von Gommern war dem Zufall geschuldet. Das Grab wurde Im Jahre 1990 von ehrenamtlichen Bodendenkmalpflegern der Landesarchäologie entdeckt, als diese einen bereits bekannten Fundplatz aufsuchten. Dieser bereits bekannte Fundplatz ist der Gerstenberg bei Gommern, wo mehrere Urnenfunde der spätrömischen Kaiserzeit gesichert wurden. Das Gebiet befindet sich auf einer eiszeitlichen Düne, von dem jedoch immer wieder Sand entnommen wurde,

---

16 Vgl. Speidel: Franke, S. 244.
17 Vgl. Leineweber: Römer, S. 83.
18 Vgl. Ebd.
19 Vgl. Ebd., S. 85.
20 Vgl. Ebd.
21 Vgl. Bagge/Breuer/Naumann: Konservierung, S. 114-115.
22 Vgl. Becker: Germanische, S. 371.

wodurch sich die Fläche insgesamt mehrfach verkleinerte. Auch im Jahre 1982 und 1983 wurden dort bereits Grabungen durchgeführt, die durch diverse Funde einer vorrömischen Siedlung aus dem Jahre 800 v. Chr. ausgelöst wurden.[23]

Bei einer Begutachtung des Geländes fiel einem der Bodendenkmalpfleger eine Unregelmäßigkeit in einer Sandgrube auf. Dort waren große Steinbrocken zu sehen, die dort nicht hätten sein dürfen. Somit war naheliegend, dass Menschen sie dort positioniert hatten. Bei der Freilegung der Steine kamen sogleich die ersten Funde ans Licht. In der Folge wurde das Landesmuseum für Vorgeschichte informiert und zusammen mit dem Kulturhistorischen Museum Magdeburg und dem Kreismuseum Schönebeck eine Grabung organisiert. Aus der Begutachtung der ersten Funde ging hervor, dass die Wahrscheinlichkeit hoch war, auf ein sogenanntes Fürstengrab gestoßen zu sein, wie es aus anderen Gebieten Europas bereits bekannt war. Dort wurde beispielsweise ein Teil des bereits erwähnten römischen Dreifußes gefunden, was zusammen mit anderen gefundenen hochwertigen Gegenständen aus römischer Fertigung das Bild eines Fürstengrabs ergab.[24]

Die Vermutung, dass große Teile des Grabes wahrscheinlich zerstört waren und Gegenstände nicht in ihrer ursprünglichen Lage geborgen werden könnten, bestätigte sich nicht. Ganz im Gegenteil: die massiven Steinbrocken hatten teilweise genau dafür gesorgt, dass Teile des Grabes beinahe in ihrem Ursprungszustand vorgefunden werden konnten. Das Areal wurde in kleinen Schritten untersucht und ein Bereich nach dem anderen wurde freigelegt, wodurch eine genaue Erfassung der ursprünglichen Struktur möglich war. Um die Verluste von Funden während der Grabung möglichst gering zu halten, entschied man sich, Teile des Grabes in ganzen Blöcken zu entnehmen und zu transportieren. Welche Verluste drohten konnte alleine schon an dem in über 600 Teile zerfallenen Schild des Fürsten von Gommern gesehen werden.[25]

3.2 Lage und Aufbau

Das Fürstengrab von Gommern wurde auf einer Düne am östlichen Elbeufer angelegt. Vor der Flussregulierung der Elbaue hat das Grab vermutlich noch direkt am Elbeufer

---

23 Vgl. Becker: Fundmeldung, S. 108.
24 Vgl. Ebd., S. 108-109.
25 Vgl. Ebd., S. 110-113.

gelegen. Passend zu der reichen Ausstattung des Grabes wurde eine isolierte und hervorgehobene Lage gewählt, vermutlich um die Relevanz der dort bestatteten Person zu unterstreichen. Das Grab wurde in circa drei Metern Tiefe angelegt. Die Überreste deuteten darauf hin, dass sich im Grab ein Holzeinbau befunden haben muss, der vermutlich aus Holzbohlen bestand. Zudem hat es vermutlich einen Boden und eine Decke, ebenfalls aus Holzbohlen bestehend, gegeben.[26]

Der Bestattete lag auf einer Liegevorrichtung aus Holz, die in das Grab hineingebaut worden ist. Anhand des Holzschildes, der als Grabbeigabe diente, konnte festgestellt werden, dass die Grabkammer mindestens 1,30 m hoch gewesen sein muss, da dieser senkrecht oder schräg an die Wand gelehnt war. Das Grab war mit großen Gesteinsbrocken bedeckt, die von unterschiedlichen Orten, jedoch aus der näheren Umgebung, herangeschafft wurden. Die Grabkonstruktion brach vermutlich im Laufe der Zeit in sich zusammen. Die Steinlast die das Grab schützen sollte, zerdrückte das Grab, so dass sich die Höhe der Grabkammer auf circa 20 bis 30 cm änderte, worauf auch das Zerbrechen der meisten Grabbeigaben zurückzuführen ist.[27]

3.3 Der Bestattete

Vom Fürsten von Gommern waren bedauerlicherweise nur Knochenfragmente vorhanden, was auf die schlechten Erhaltungsbedingungen innerhalb der Grabkammer zurückzuführen war. Diese Fragmente wurden für eine naturwissenschaftliche Untersuchung herangezogen, um die Hintergründe der dort bestatteten Person zu beleuchten. Die Knochenüberreste waren, bis auf die Fragmente des Gesichtsschädels, in einem eher schlechten und instabilen Zustand. Die Gesichtsknochen haben sich offenbar gut gehalten, weil das Gesicht vermutlich zuerst von in die Grabkammer rutschender Erde bedeckt wurde.[28]

Die Untersuchung ergab, dass es sich vermutlich um ein männliches Individuum gehandelt haben muss, da „der Bereich zwischen den beiden Augenbrauenbögen stark hervortritt, der Augenbrauenbogen wulstig und das Jochbein kräftig und muskulös ist."[29]

---

26 Vgl. Becker: Grabungsbefund, S. 119-120.
27 Vgl. Ebd., S. 121-123.
28 Vgl. Schafberg: Grab, S. 124.
29 Ebd.

Das Alter des Bestatteten wurde anhand des Gebisses festgestellt. So ist der Weisheitszahn bereits bis in die Kauebene vorgedrungen, was bedeutet, dass die Person über 21 Jahre alt gewesen sein muss. Die Abnutzungen an den Backenzähnen deuten auf ein Alter zwischen 25 und 35 Jahren. Starke Abnutzungen an den Schneidezähnen des Oberkiefers konnten nicht erklärt werden.[30]

Die Körpergröße des Verstorbenen konnte anhand der Knochenfragmente nicht ermittelt werden. Daher wurden die Gegenstände, mit denen der Fürst von Gommern bestattet wurde in die Analyse miteinbezogen. Die Analyse des Gürtels, des Halsringes und des Holzschildes, Gegenstände, die vermutlich speziell für den Fürsten von Gommern angefertigt wurden und von diesem zu Lebzeiten genutzt wurden und somit an seine Größe und Statur angepasst waren, ergab, dass er vermutlich schlank und ungefähr 1,80 m groß gewesen sein muss. Über die Hintergründe seines Todes konnte anhand der Skelettreste jedoch keine Erkenntnis gewonnen werden.[31]

4. Relevanz für den Schulunterricht

4.1 Germanen und Römer im Kerncurriculum

Im niedersächsischen Kerncurriculum für das Fach Geschichte am Gymnasium aus dem Jahr 2015 findet sich im Abschnitt der Schuljahrgänge 5 und 6 das Thema „Transkulturalität". In den meisten Fällen wird das Thema im Zusammenhang mit dem römischen Reich behandelt, wobei die Germanen nicht immer wörtlich genannt werden, da der Fokus hauptsächlich auf der Entwicklung des römischen Imperiums, im Kontext der Expansion des Reichs und den damit einhergehenden Kriegen und Krisen, liegt. Nichtsdestotrotz finden sich in dem Abschnitt zur Transkulturalität unter dem Punkt „Rom und die anderen" u.a. die Unterrichtsinhalte „Expansion" und „Romanisierung".[32]

Im niedersächsischen Kerncurriculum für das Fach Geschichte an Hauptschulen wird detailliert auf das Thema eingegangen. Dort findet man für die Jahrgänge 5 und 6 das Thema „Begegnung fremder Kulturen – Römer und Germanen". Als Lernziel für das Fachwissen wird angegeben, dass die Schülerinnen und Schüler Kenntnisse über das

---

30 Vgl. Schafberg: Grab, S. 124-125.
31 Vgl. Ebd., S. 126.
32 Vgl. Kultusministerium: Gymnasium 2015, S. 20.

Alltagsleben der Germanen zur Zeit der Römer erwerben sollen. Weiterhin steht dort, dass sie das germanische Siedlungsgebiet kennen sollen und dass sie verstehen sollen, dass das Leben der Menschen durch die Begegnung der germanischen und der römischen Kultur durch wechselseitige Beziehungen beeinflusst wurde.[33]

Diese Angaben sind weitestgehend identisch mit denen im niedersächsischen Kerncurriculum für das Fach Geschichte an Realschulen.[34] Das niedersächsischen Kerncurriculum für das Fach Geschichte an Gymnasien aus dem Jahr 2008 ist noch etwas umfangreicher. Für die Jahrgänge 5 und 6 ist das Thema „Die römische Antike" vorgesehen. Relevant für unsere Fragestellung ist hier der Unterrichtschwerpunkt der Romanisierung der Provinzen und ihrer Folgen. In diesem Zusammenhang sollen neben der Romanisierung auch die Varusschlacht und der Limes behandelt werden.[35] Wenn man also die Expansion des römischen Reichs in die damaligen germanischen Gebiete und die unterschiedlichen Feldzüge, die von den Römern durchgeführt wurden, im Unterricht behandelt, wird man zwangsläufig und wie von bestimmten Curricula auch vorgesehen, die Varusschlacht, die damit zusammenhängende Beendigung der Expansionspolitik der Römer, den Rückzug der römischen Truppen und die beginnende Grenzbefestigung in Form des Limes, an dessen Grenzübergängen reger Handel betrieben und die Warenein- und Ausfuhr kontrolliert wurde, unterrichten. In diesem Zusammenhang könnte der Fürst von Gommern als anschauliches Beispiel für die römisch-germanischen Kontakte zu dieser Zeit genutzt werden.

4.2 Der Fürst von Gommern als Beispiel für Transkulturalität

Die Erkenntnisse über das germanische Fürstengrab von Gommern können in vielerlei Hinsicht für den Schulunterricht genutzt werden. Fakt ist, dass im Grab des Fürsten von Gommern römische Gegenstände[36] gefunden wurden und somit auch eine Transkulturalität vorhanden war. Fraglich ist somit für die Wissenschaft und für den Schulunterricht gleichermaßen also eher wie diese Transkulturalität ausgesehen hat bzw. wie der Fürst von Gommern in den Besitz dieser Gegenstände gekommen ist. Auf der Webpräsenz des Landesamts für Denkmalpflege und Archäologie Sachsen-Anhalt ist

---

33 Vgl. Kultusministerium: Hauptschule, S. 21.
34 Vgl. Kultusministerium: Realschule, S. 22.
35 Vgl. Kultusministerium: Gymnasium 2008, S. 14.
36 Vgl. Becker: Germanische, S. 371.

folgendes zu lesen: „Die Importstücke von z. T. bemerkenswerter Qualität sind Ausdruck vielgestaltiger Beziehungen zum Römischen Reich."[37] Wie bereits in einem früheren Kapitel erklärt wurde, sind unterschiedliche Szenarien möglich, wie diese Beziehungen zum Römischen Reich ausgesehen haben könnten.

Klar ist, dass an den Grenzübergängen des Limes Handel betrieben wurde und die Siedlungen, die sich in der Nähe befanden geradezu florierten.[38] Grund hierfür war, dass die römischen Soldaten ihren Sold gegen Waren eintauschten. Somit waren die dortigen Germanen im Besitz römischen Geldes, welches sie wiederum benutzten, um römische Waren einzukaufen und am römischen Lebensstil teilzuhaben.[39] An den Grenzübergängen des Limes wurde auch der Warenimport- und Export kontrolliert.[40] Die Waren, die über die Grenze in die innergermanischen Gebiete exportiert wurden, sind in vielen Teilen des heutigen Deutschland zu finden gewesen, wie Funde in anderen Fürstengräbern zeigen. Es ist also nicht auszuschließen, dass der Fürst von Gommern durch den direkten Handel mit den Römern oder durch innergermanischen Handel in den Besitz der römischen Gegenstände gekommen ist. Somit könnte das germanische Fürstengrab von Gommern zusammen mit dem Limes unterrichtet werden, da beide Themen die damalige Transkulturalität zwischen den Völkern aufzeigen.

Weiterhin könnte im Unterricht die These spekuliert werden, der Fürst von Gommern habe sich mit seinen Gefolgsleuten auf Seiten der Römer an kriegerischen Auseinandersetzungen gegen andere Germanenstämme beteiligt, wie andere Germanenfürsten es auch taten[41], und sei auf diesem Wege an den nötigen Ruhm und Reichtum gelangt, um auf so pompöse Art und Weise bestattet zu werden. Wie bereits erwähnt, nutzten die Römer die Möglichkeit einzelne Germanenstämme entweder zu bezahlen, damit diese für sie kämpften oder sie beschenkten und würdigten die Germanenverbände und ihre Anführer, um sie für ihre Sache zu gewinnen. Dieses Konzept der Außenpolitik ersetzte die Eroberungspolitik der Römer, nachdem diese den Wunsch Germanien gänzlich zu erobern verworfen hatten, um dennoch einen Einfluss auf das Geschehen in Germanien haben zu können.[42] Das Fürstengrab von Gommern

---

37 Porr: Schild.
38 Vgl. Waldherr: Limes: S. 134-135.
39 Vgl. Ebd., S. 105-106.
40 Vgl. Ebd., S. 102-104.
41 Vgl. Speidel: Franke, S. 244-245.
42 Vgl. Leineweber: Römer, S. 82-83.

könnte also zusammen mit dem Söldnertum der Germanen unter römischer Führung unterrichtet werden, da auch dieses Thema einen Einblick in die damalige Transkulturalität ermöglicht. Eines der bekanntesten Beispiele wäre hierbei Arminius der Cherusker, der zunächst ebenfalls eine militärische Ausbildung und Karriere im römischen Heer absolvierte, wie viele germanische Adelige es taten.

Nicht auszuschließen wäre auch, dass der Fürst von Gommern auf gegenteilige Weise an Gegenstände aus römischer Fertigung gekommen ist, nämlich im Zuge eines Einfalls in das Gebiet der Römer und einen darauf folgenden Raubzug durch die linksrheinischen römischen Provinzen. Der Abzug römischer Truppen vom Limes, zugunsten eines Feldzuges gegen die Sassaniden im Osten, schwächte die Verteidigung der betroffenen Provinzen signifikant.[43] Germanenverbände nutzten diese Gelegenheit, um großangelegte Raubzüge durch die römischen Provinzen an der Grenze zu Germania Magna durchzuführen.[44] Ab der Mitte des 3. Jahrhunderts und auch in der Folgezeit mehrten sich die Einfälle durch Germanenstämme, wie z.B. die Alamannen und der Limes war schlussendlich kaum noch zu halten.[45] Das germanische Fürstengrab von Gommern wird ebenfalls auf das späte dritte Jahrhundert nach Christus datiert. Da sich die Situation am Limes in der Zeit nach dem römischen Truppenabzug 233 tendenziell verschlechterte[46], ist nicht auszuschließen, dass der Fürst von Gommern, der in dieser Zeit lebte und sich wahrscheinlich in der Blüte seines Lebens befand, mit seiner Gefolgschaft an einem solchen Raubzug teilgenommen haben könnte. Auch dieses Thema lässt sich gut mit dem Unterrichtschwerpunkt „Transkulturalität" und dem Unterpunkt „Limes" verbinden, weil es zu den Kontakten und Konflikten zwischen Römern und Germanen passt.

Vorstellbar wäre, den Schülerinnen und Schülern in einer Unterrichtsstunde die Freiheit zu geben, die unterschiedlichen Szenarien und Möglichkeiten selbst zu erforschen und anhand ihrer Ergebnisse zu entscheiden, welches Szenario ihrer Meinung nach am wahrscheinlichsten ist. Wie bereits erwähnt wäre es denkbar, das Fürstengrab von Gommern im Zusammenhang mit der Varusschlacht, dem Limes oder dem Alltagsleben der Germanen während der römischen Kaiserzeit zu unterrichten, da all diese

---

43 Vgl. Waldherr: Limes, S. 65.
44 Vgl. Ebd., S. 65-66.
45 Vgl. Brückner: Jahrhundert, S. 24.
46 Vgl. Becker: Fazit, S. 207.

Unterrichtschwerpunkte auch mit dem Thema „Transkulturalität", welches im niedersächsischen Kerncurriculum für das Fach Geschichte vorgesehen ist, in Verbindung stehen. Möglich wäre auch das Fürstengrab von Gommern in das Zentrum des Unterrichtsgeschehens zu stellen und den Schülerinnen und Schülern die Kontakte und Konflikte zwischen Germanen und Römern anhand dieses Beispiels vor Augen zu führen. Gerade für Schulen im östlichen Niedersachsen würden sich auch Exkursionen zur Ausgrabungsstätte anbieten, da sich Gommern von dort aus relativ leicht erreichen lässt und das Thema somit auf anschauliche Art und Weise behandelt werden könnte.

5. Fazit und Ausblick

Abschließend lässt sich sagen, dass das germanische Fürstengrab von Gommern nicht nur in hohem Maße relevant für den Unterricht an Schulen ist, sondern auch ein bemerkenswertes Potenzial mit sich bringt, welches genutzt werden kann, um gleich mehrere Themen im Geschichtsunterricht auf anschauliche Art und Weise zu verknüpfen. Diese Erkenntnis bezieht sich hierbei besonders auf die Inhalte, die im niedersächsischen Kerncurriculum für das Fach Geschichte zu finden sind. Die eingangs gestellten Fragen können somit auf folgende Weise beantwortet werden.

Der germanische Fürst von Gommern kann auf unterschiedliche Weise an Status und Reichtum, mitsamt der römischen Gegenständen, gelangt sein. Dazu sind in dieser Hausarbeit verschiedene Hypothesen ausgearbeitet worden. So könnte der Fürst von Gommern ein bereits wohlhabender Mann gewesen sein, der über innergermanischen Handel oder den Handel mit den Römern direkt in den Besitz römischer Waren gekommen ist. Möglich wäre auch, dass der Fürst von Gommern es anderen germanischen Adeligen dieser Zeit gleich tat und zu seinem Status kam, entweder indem er selbst im römischen Heer kämpfte oder aber indem er den römischen Machthabern Hilfstruppen zur Verfügung stellte, die sich als germanische Söldner an der Seite der Römer an Kriegen gegen die Feinde Roms beteiligten. Auch auf diese Weise erhielten Germanenfürsten als Gegenleistung für ihre Dienste oder als Zeichen der Wertschätzung, neben Gold und Popularität, besondere Gegenstände aus römischer Fertigung. Schlussendlich bleibt auch die Möglichkeit, dass der Fürst von Gommern mit seinen Gefolgsleuten den Limes überwand, plündernd durch die linksrheinischen Gebiete zog und die römischen Gegenstände, die sich in seinem Grab befanden, als

Beute in seine Heimat brachte. Herauszufinden, welches dieser Szenarien genau zutrifft ist jedoch nicht Ziel dieser Hausarbeit. Vielmehr sollen die Ergebnisse dieser Arbeit zeigen, wie wertvoll das germanische Fürstengrab von Gommern für den Geschichtsunterricht an deutschen Schulen sein kann. Das Thema der Transkulturalität beispielsweise, das hauptsächlich im Zusammenhang mit dem späten römischen Kaiserreich in den Jahrgängen 5 und 6 unterrichtet wird, kann mithilfe des Fürstengrabs von Gommern, welches ein herausragendes Beispiel für die Thematik ist, veranschaulicht werden. Zudem kann es sehr gut in den Geschichtsunterricht eingebettet werden, da es im Zusammenhang mit anderen signifikanten Themen dieses Unterrichtsschwerpunkts, wie beispielsweise dem Limes, welcher den Kontakt zwischen den Römern und den Germanen kontrollierte, dem Alltagsleben der Römer und Germanen und der Varusschlacht, im Hinblick auf Arminius, der als germanischer Adeliger im römischen Heer diente, unterrichtet werden kann. Dementsprechend wäre es sinnvoll, das germanische Fürstengrab von Gommern als Teil des Unterrichtsschwerpunkts „Transkulturalität" in das niedersächsische Kerncurriculum für das Fach Geschichte aufzunehmen. Hinsichtlich der These, die zu Beginn aufgestellt wurde, lässt sich anhand der Ergebnisse die in dieser Hausarbeit herausgearbeitet wurden sagen, dass sie sich bestätigt hat.

Während der Arbeit mit dieser Thematik sind zahlreiche Fragen aufgekommen, die in zukünftigen wissenschaftlichen Arbeiten bearbeitet werden könnten. Beispielsweise könnte man sich weiterhin mit dem Fürsten von Gommern an sich beschäftigen und mehreren Fragen nachgehen. Die wohl interessanteste Frage ist vermutlich die nach der Identität des Fürsten von Gommern. Hinzu kommt die Frage, welches der zuvor genannten Szenarien wohl am ehesten auf das Leben des Fürsten zutrifft, falls es nicht noch andere mögliche Szenarien gibt, die in dieser Hausarbeit nicht behandelt wurden. Auch interessant ist die Frage nach seiner Todesursache, falls diese noch weiter erforscht werden kann, da dies weitere Einblicke in das Leben des Fürsten erlauben würde, zumal sein Tod in diesem Alter wohl kaum ein Natürlicher gewesen ist. Aus geschichtsdidaktischer Sicht könnte die Frage gestellt werden, ob das Fürstengrab von Gommern, im Hinblick auf das jeweilige Kerncurriculum, nur für den Unterricht an bestimmten Schulformen geeignet ist. Zudem stellt sich die Frage, ob das Thema als Paradebeispiel für die Transkulturalität zwischen Römern und Germanen nicht auch deutschlandweit unterrichtet werden sollte.

Literaturverzeichnis

Bagge, Christian, Breuer, Heiko, Naumann, Hans-Joachim: Konservierung vor Ort. In: Fröhlich, Siegfried (Hrsg.): Gold für die Ewigkeit. Das germanische Fürstengrab von Gommern. Halle 2000, S. 114-117.

Becker, Matthias: Bekleidung – Schmuck – Ausrüstung. In: Fröhlich, Siegfried (Hrsg.): Gold für die Ewigkeit. Das germanische Fürstengrab von Gommern. Halle 2000, S. 127-147.

Becker, Matthias: Das germanische Fürstengrab von Gommern. In: VARUSSCHLACHT im Osnabrücker Land GmbH (Hrsg.): 2000 Jahre Varusschlacht. Konflikt. Stuttgart 2009, S. 370-371.

Becker, Matthias: Fazit – Der Tote von Gommern, ein mitteldeutscher "Fürst" des 3. Jh. n. Chr. In: Fröhlich, Siegfried (Hrsg.): Gold für die Ewigkeit. Das germanische Fürstengrab von Gommern. Halle 2000, S. 204-214.

Becker, Matthias: Fundmeldung und Bergung. In: Fröhlich, Siegfried (Hrsg.): Gold für die Ewigkeit. Das germanische Fürstengrab von Gommern. Halle 2000, S. 108-113.

Becker, Matthias: Grabungsbefund und Rekonstruktion der Grabkammer. In: Fröhlich, Siegfried (Hrsg.): Gold für die Ewigkeit. Das germanische Fürstengrab von Gommern. Halle 2000, S. 118-123.

Becker, Matthias: Luxuriöser Haushalt für den Toten. In: Fröhlich, Siegfried (Hrsg.): Gold für die Ewigkeit. Das germanische Fürstengrab von Gommern. Halle 2000, S. 148-162.

Brückner, Monika: Das 3. Jahrhundert n. Chr. in den römischen Provinzen. In: Fröhlich, Siegfried (Hrsg.): Gold für die Ewigkeit. Das germanische Fürstengrab von Gommern. Halle 2000, S. 21-30.

Kowa, Günter: Fürstengrab von Gommern. Das süße Leben eines Germanen.

https://www.mz-web.de/kultur/fuerstengrab-von-gommern-das-suesse-leben-eines-germanen-9761266. Erstellt am: 01.04.2004 (Stand: 23.05.2019).

Leineweber, Rosemarie: Römer und Germanen – Kontakte und Konflikte. In: Fröhlich, Siegfried (Hrsg.): Gold für die Ewigkeit. Das germanische Fürstengrab von Gommern. Halle 2000, S. 82-93.

Niedersächsisches Kultusministerium (Hrsg.): Kerncurriculum für das Gymnasium. Schuljahrgänge 5-10. Geschichte. Hannover 2008. http://db2.nibis.de/1db/cuvo/datei/kc_gym_gesch_08_nib.pdf. (Stand: 23.05.2019).

Niedersächsisches Kultusministerium (Hrsg.): Kerncurriculum für das Gymnasium. Schuljahrgänge 5-10. Geschichte. Hannover 2015. http://db2.nibis.de/1db/cuvo/datei/ge_gym_si_kc_druck.pdf. (Stand: 23.05.2019).

Niedersächsisches Kultusministerium (Hrsg.): Kerncurriculum für die Realschule. Schuljahrgänge 5-10. Geschichte. Hannover 2014. http://db2.nibis.de/1db/cuvo/datei/kcgeschichters.pdf. (Stand: 23.05.2019).

Niedersächsisches Kultusministerium (Hrsg.): Kerncurriculum für die Hauptschule. Schuljahrgänge 5-10. Geschichte. Hannover 2014. http://db2.nibis.de/1db/cuvo/datei/kcgeschichtehs.pdf. (Stand: 23.05.2019).

Porr, Martin: Der Schild des "Fürsten" von Gommern – Germanische Kunst und römische Beute. http://www.lda-lsa.de/nc/de/landesmuseum_fuer_vorgeschichte/fund_des_monats/2002/oktober/?sword_list[0]=gommern. (Stand: 23.05.2019).

Schafberg, Renate: Wer lag im Grab? - Anthropologische Untersuchungen. In: Fröhlich, Siegfried (Hrsg.): Gold für die Ewigkeit. Das germanische Fürstengrab von Gommern. Halle 2000, S. 124-126.

Speidel, Michael A.: Franke bin ich... Germanische Verbände im römischen Heer. In: VARUSSCHLACHT im Osnabrücker Land GmbH (Hrsg.): 2000 Jahre Varusschlacht.

Konflikt. Stuttgart 2009, S. 241-247.

Waldherr, Gerhard: Der Limes. Kontaktzone zwischen den Kulturen, Stuttgart 2009.

Wiesigel, Jochen: Goldschatz von Gommern. Verschnupfter Germanenfürst. https://www.spiegel.de/wissenschaft/mensch/goldschatz-von-gommern-verschnupfter-germanenfuerst-a-98475.html. Erstellt am: 17.10.2000 (Stand: 23.05.2019).